밑반찬과 비행기

김정숙 시집

문학공원 시선 267

밑반찬과
비행기

김정숙 시집

문학공원

자서

나는 왜 시를 읽고 쓰는가

가슴속에 그리움이 뼛속까지 파고들 때
난 시를 쓴다
그럴 때면 괴로운 내 마음이 바다같이 고요해진다
하루에도 수백 번 시를 읽는다
그리고 누구에게 기대고 싶을 때 난 시를 쓴다
외로움이 괴로움이 몸부림칠 때
난 시를 쓴다

봄이 오면 꽃이 피고
새가 지저귀고
녹음이 짙은 여름도
붉게 노랗게 물든 단풍
떨어지는 낙엽
곧이어 눈 덮인 산야
이 모든 것은 나를 위해 존재한다
난 행복해지기 위해서 시를 읽고 또 쓴다

이 시집이 나오기까지 애써주신
김순진 교수님께 진심으로 감사드린다

2025년 초여름

김정숙 배상

차례

1부
산수애 펜션

바퀴 빠진 자동차와 나	12
드시매 레스토랑, 매진되다	14
말벌 부부	16
신호등	18
사물 시	19
한국인의 뱃속	20
애견	22
숨은그림찾기	24
혁이	26
산수애 펜션	28
아들	30
독감	32
물리치료	33
역사는 죽지 않는다	34
수능시험	36
휠체어	37
걷다	38
밑반찬과 비행기	40
LA 산불을 보며	42
어떤 자연인	44
마스크와의 싸움	46

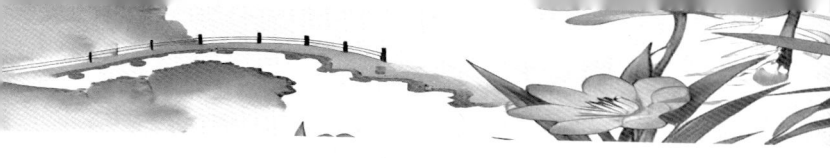

2부
행복을 개간하다

산이야	50
남편의 제사 · 1	52
남편의 제사 · 2	53
학원을 운영하다	54
동창회	57
미국 딸이 보낸 한라봉	58
그 청년	60
어떤 청년	61
행복을 개간하다	62
스승의 날 단상	64
인간 같지 않은 인간	66
강아지	67
6.25 전쟁이 일어나던 날	68
6.25 전쟁	70
피란을 가다	72
치매	73
하늘색	74
산불	76
불나는 꿈	78
낙엽 불씨	79
이삿날	80

3부
시간과 아픔

만물은 소생하는데	82
축제를 보는 조급한 마음	84
나도 몰래 지나가는 춘삼월	86
바람에게 부탁하다	87
봄이 오면	88
3월의 눈보라	89
삼월에 내리는 함박눈	90
시간과 아픔	92
식목일 단상	94
방에서의 꽃구경	96
폭포에게	98
어떤 충신	100
철쭉꽃 위로 내리는 비	102
저녁노을	103
폭염	104
보름달	106
추석	108
단풍	110
앙상한 나뭇가지	112
눈이 오네요	113
전철	114

4부
나는 자연인이다

청량리역	116
정처 없는 이 발길	118
나는 자연인이다	120
택시	122
까치의 생각	124
김장값	126
세뱃돈	127
고구마 가족	128
진눈깨비 오는 날	130
임영웅 상암동 콘서트	132
그 밤이 그리운 밤	134
구름 가족	136
맨발의 연인	138
근린공원	139
영생의 입구에서	140
감기	142
그리움	144
나이아가라폭포에서	145
황혼의 길목에서	146
구순을 바라보면서	148
인생의 강	149
나룻배와 님	150

작품해설

부러진 가지를 아물리는 옹이의 문장　　152
김순진(문학평론가 · 고려대 미래교육원 교수)

1부

산수애 펜션

바퀴 빠진 자동차와 나

길가에 앞바퀴 한쪽이 빠진 그가
그냥 그 자리에 한없이 서 있다
언젠가 새 주인을 만나면
제 역할로 열심히 일하면서 행복하게 살겠지

나도 더이상 여기 선생님들에게 신세를 지고 싶지 않다
매주 수요일 점심 식사하러 갈 때와 올 때
나에게 너무 많은 관심과 배려 어찌 다 갚으오리

그래서 난 더더욱 매일 근린공원 운동장을 달린다
운동장엔 수많은 사람들이 수많은 사연을 안고 돌고 돈다
난 허리가 아파 제대로 걷기가 힘든다
조금 걷다간 쉬어야 하고 조금 걷다간 또 쉬어야 한다

다른 사람의 시선이 나에게로 온다
그러나 난 다른 사람 시선은 아랑곳없다
하루하루 다짐하고 실천한다

내 생이 끝나는 그날
나의 분신 자동차와 같이 가련다

드시매 레스토랑, 매진되다

젊을 적 서울극장 옆에 드시매란 레스토랑을 열었다
아래층 가게에서 군밤 땅콩 먹을 것을 사려고
긴긴 줄로 장사진이다
좋은 영화 프로만 들어오면 그 긴긴 줄이
골목을 돌고돌아 장사진이었다

손님들이 땅콩 군밤 봉투를 들고 우리 레스토랑 드시매로 들어온다
극장문 열 때까지 우리 드시매에서 점심을 먹으며 기다린다
그때 난 엄청난 권리금을 주겠다는데도 정리하지 않았다

그때 그 시절이 내 인생의 절정이었나 보다
나는 지금 그 많던 손님을 떠나보내고

혼자 밥을 먹고 있다

드시고 가시게
맛있게 드시고 쉬다가 가시게
사람들이 무슨 간판이 이리 재미있느냐며
낄낄거리고 지나간다

오고 또 오고 모였다 쉬었다 가는
서울극장 바로 옆 건물의 내 레스토랑 드시매
극장에 가지고 갈 봉투 하나씩 들고 와서 자리를 잡는다
손님들 기다리는 우리 식당 자리도 매진이다

나의 젊음은 그때 매진되었고
내 바쁨도 그때 매진되었다

말벌 부부

우리 아파트는 소나무 숲속에 있다
오늘은 불청객 한 쌍이 찾아왔다
"누가 반가워한다고 찾아오는 거야?"

나는 핀잔을 주었지만
손님은 거실로 이 방에서 저 방으로
노래까지 부르면서 구석구석을 도망다닌다

난 파리약을 들고 쫓아다닌다
암수가 꼭 붙어서 윙윙대며 위협한다
"나 잡아봐라 우리 잡아 봐라"
약을 올리고 또 올린다

시간이 갈수록 더욱 생의 애착이 가나 보다
시간이 흘러흘러 파리약을 맞은 불청객

죽는 순간까지도 둘이 꼭꼭 붙어서 같이 갔다
그이와 같이 붙어서 산 나도
그이 갈 때 같이 갔으면 좋았으련만

신호등

수많은 사람들이 길을 건너려고
횡단보도 앞에 서 있다
젊은 남녀가 나란히 걷는다
걸으면서 끊임없이 말다툼한다
부부 남매 연인…
이 남녀는 무슨 관계일까
알 수가 없다

넓고 넓은 공간들을 두고
왜 하필 신호를 건너면서 싸우는 것일까

문득 호기심이 난다
신호가 끝나고 횡단보도에서는
더 큰소리로 싸운다
지나가는 사람들이 쳐다보면서 지나간다

둘 사이에는 배려의 신호등이 고장 난 것 같다

사물 시

추석 맞아 물가가 하늘 높이 오른다

배추 한 포기 오천 원 무 한 개 삼천 원
시금치는 한 단에 일만사천 원이란다
배추 시금치는 그만두고 무만 샀다

우유도 샀다
우유도 값이 껑충 뛰었다
모두모두 높이뛰기선수가 되려나 보다

나도 나도 높이높이 뛰었으면 좋으련만
난 이제 보잘것없는 할머니다

아니야, 난 할 수 있어
잘할 수 있을 거야
모든 사물아 너만 가지 말고 내 곁에 있어줘

한국인의 뱃속

나이아가라폭포 옆 검문소를
한 발자국만 넘으면
바로 그곳이 캐나다 땅이다

난 캐나다에 사는 친구를 만나기 위해
미국 국경을 넘어 캐나다로 갔다

이역만리 타향땅에서 친구를 만나니
너무나 반가워서 눈물이 난다
너무나 반가워서 못다 한 회포를 풀면서
소불고기를 너무 많이 먹었다

소화가 안 되어 분위기를 망쳐버렸다
땅은 미국 캐나다 땅이라도 만나는 사람이 한국 친구니

나는 내 집인 줄 망각하고 너무 많이 먹었던 것이다

　내 뱃속은 내가 외국인이 아님을 알려 주었던 것이다

애견

나의 넷째딸 이름은 김현진
현명하고 진실되게 살라고 지어준 이름이다
그런데 현진 남편은 발발이
결혼을 안 하고 강아지와 산다
현진이는 뉴저지 삼성전자에 과장으로 근무하면서
근무 시간에도 강아지를 혼자 두어서 안절부절이다

퇴근하면 번개같이 달려와
시간 가는 줄도 모르고
산책시키고 같이 놀아준다

내가 1995년 미국 여행 갔을 때
딸은 공항에 나오기로 약속한 시간
2시간이나 늦게 나타났다
강아지 혼자 차에서 놀랄까 봐
다시 가서 강아지를 안고 나타났다

난 말문이 막혔다
자기 엄마는 기다려도 되고
강아지는 기다리면 걱정이 되는 모양이다

집에 가서도 내가 때릴까 봐
화장실도 안고 가고 침대에서 같이 잔다
그 후 난 이꼴저꼴 보기 싫어서 다시 안 간다
결혼해서 아이를 그렇게 정성 들여 길렀으면…

그 후 삼성전자 과장은 퇴직하고
지금은 개인사업을 한단다
못 잊을 애견과 같이 있고 싶어서…

그렇지만 이젠 그 딸이
애견을 기르든 말든 너무 그립다

숨은그림찾기

 미국 대한민국 일본 중국 캐나다 호주 이란 이라크 프랑스 우산국 오스트리아

 김치찌개 된장찌개 두부찌개 우거지찌개 잡탕찌개 나무지게 콩나물찌개 북어찌개

 쑥 원추리 취나물 냉이 송사리 달래 무시래기 고사리 고비 엄나무순 두릅 으아리

 삶이 그대를 속일지라도 슬퍼하거나 서러워 말라 살다 보면 좋은 날도 반드시 있으리라

 임영웅 송가인 김연자 문주란 최불암 남진 나훈아 금강산 백두산 한라산 칠레산 설악산 지리산

 소고기 돼지고기 닭고기 오리고기 불고기 말고기 양고기 개고기

 고등어 갈치 삼치 문어 가자미 눈치코치 짱뚱어 망둥어 꽁치 많이 많이 있어요

우리나라 좋은 나라 봄 여름 가을 겨울 봄이면 꽃이 피고 여름이면 시원한 바람 피고 가을이면 단풍 들고 겨울엔 눈썰매 이노무스키 타러 다니지요

* 김순진의 「숨은그림찾기」를 패러디하다

혁이

오늘 낯선 사람한테서 전화가 왔다
선생님, 하고 부른다
누구세요
김정숙 선생님이세요
저 혁이 김혁이요
20년 전 우리 펜션에 자주 왔던 혁이
저 결혼했어요
딸도 있어요

그동안 소식이 없어 너무나 궁금했는데
전화를 받고 너무나 황홀해서
꿈속을 헤매면서 울고 또 울었다

고맙다 고마워
그 옛날 우리 펜션에서 키타를 치던 혁이
그 시절이 그립구나

시골의 여름밤 하늘
오염 없는 맑은 밤하늘 아래서
강가에서
펜션에서 바베큐하면서 키타를 치던
그때 그 시절이 한없이 그립다

산수애 펜션

나는 한때 펜션을 운영했다
이름은 산수애 펜션
산과 물을 사랑한다는 뜻의 펜션
그 이름은 내가 지었다
넓고 넓은 푸른 강물로 둘러싸인
서강 바로 앞이 우리 펜션이다
여기서 30분 더 가면 동강이 있다

동강은 여름이면 전국에서 래프팅하러
수많은 사람들이 모여든다
덕분에 서강인 우리 펜션에도 방을 잡을 수가 없다
서강에는 일급수에만 나오는 물고기는 다 있다
선남선녀 가족들은 여기서 명절을 지내기도 한다

늦은 밤하늘에 무수히 많은 별들
휘영청 밝은 달 아래서 바비큐 파티하면서

오손도손 시간 가는 줄 모르고 노는 사람들
그저 행복하기만 해 보는 사람도 너무 즐겁다

봄이면 산나물 가을이면 토종밤
어디에서 돈 주고도 살 수 없는 것들이 좋아
지인들은 또 오고 지인들을 데려온다
그때 그 시절이 내 생의 절정이었나 보다

아 그리운 그 시절로 돌아갈 수만 있다면
행복이여 다시 한번만 나에게 안겨다오

아들

난 오늘도 걷고 걸어 보았다
고가인 한의원에서 침을 맞고
물리치료도 일주일에 두 번씩이나 받는다
허리가 많이 많이 아프다
별 차도도 없다

아들한테서 또 전화가 왔다
하루에도 몇 번씩 전화가 온다
어제는 잘 주무셨느냐
몇 번 깨었는가
밥은 무슨 반찬을 해서 잡수시는가

아들은 내 일거수일투족이 궁금하다
내 아들은 5남매 중 외아들이다
아들을 임신했을 땐 동네잔치를 거창하게 했었지
그때 그 시절이 얼마나 행복했는지

지금 생각해도 행복하다

엄마가 외롭지 않을까
혹 딴생각을 하지는 않을까
못된 생각은 하지 않을까
아들은 걱정이 많다

난 아무리 힘들어도
혼자가 아니란 것을 시간마다
느끼고 느낀다

독감

구름 한 점 없는 청명한 가을 하늘인데
벌써 독감이 유행한다며
주사를 맞으란다

난 벌써 인생 독감에 걸려 있다
이미 와버린 독감 운명
난 몸도 마음도 너무 지쳐있다
열이 난다 기침이 난다
오늘 밤도 너와 싸우면서
긴긴밤을 지새워야 한다니 걱정이다

눈을 감고 하늘에 빌어본다
좀 덜 아프게 해달라고
간절히 간절히 빌고 또 빌어본다

물리치료

허리가 많이 아프다
그래서 나는 3일에 한 번씩 물리치료하러 간다

걷기가 힘든다
휠체어를 타고 다닌다

치료실엔 많은 사람들이 온다
30세 되는 젊은 여인
허리도 눈도 어깨도 무릎도
아픈 그 여인
치료실에 갈 때마다 그 여인을 보면서
난 난 그래도 행복하다 느낀다

내 가슴은 터질 것 같다
하늘이시여
나보다 저 여인을 먼저 도와주소서

역사는 죽지 않는다

비운의 왕 단종
숙부인 수양대군 때문에 사약을 받은
어린 왕의 슬픈 흔적

내가 운영하던 펜션에서
터널 하나만 지나면 있는 그곳은
한 많은 유배지 영월 청령포다

단종은 유배지로 가면서
배일치 고개에서 상왕께 절을 하고
비 오는 고개를 맨발로 넘었단다

난 하루 몇 번씩 왕래하던 그 길
30년 넘게 살아온 그곳
영월 청룡포 옆 우리 펜션

영월에는 매년 5월이면
단종을 기리는 단종문화제가 열린다
그때면 영월은 전국에서
몰려든 사람들로 인산인해다

단종의 무덤 장릉까지도
사람의 한탄 소리가 그치지 않는다
일찍 죽은 단종이지만
역사는 죽지 않는다

수능시험

어릴 때부터 배우고 또 배워
차곡차곡 쌓아온 실력을 발휘할 때가 왔다
새로운 인생을 좌우하는 막바지길
목요일이 학생들의 수능시험이 있는 날이다
생각만 해도 가슴이 뛴다

수능만 생각하면 지금도
앞이 안 보이고 밥맛이 없어진다
지난날 좀 더 열심히 했었더라면

수능 3일 전 화장실에서 외운
그 문제가 수능 시험에 나왔다
나는 좋은 성적으로 대학 시험에 합격했다
이것이 기적이냐 운이냐
하늘에 감사하고 또 감사한다
살면서 그때 그 설렘과 고됨을
평생 어찌 잊으리

휠체어

하늘 아래 이런 효녀 효자가 있을까
난 지팡이 짚고는 못 다닌다
휠체어와 난 한 몸
어디를 가더라도 꼭 동행한다
아무리 멀리 가더라도
같이 가야 마음이 편하며
무사 무탈하다

휠체어야, 내가 가장 사랑하는 너
하늘 아래 단 하나뿐인 너는 나의 분신

저세상 가는 날까지
영원토록 같이 살자

걷다

난 어제도 걸었고
오늘도 걷고
내일도 걸을 것이다

난 사실 허리가 많이 아프다
아픈 허리는 걸어야 낫는다고 하였다

하루 빨리 걸어서
좀 더 많이 걸어서
하루라도 빨리 나아서
학교에서 같이 수업했던 동료들도 만나고 싶고
김순진 교수님 강의가 너무 듣고 싶고
김순진 교수님이 너무 보고 싶다

하늘이여 도와주소서
나의 소원을 들어주신다면

나도 꼭 보답하리다
남은 인생 열심히 최선을 다해
정직하게 살면서 돕고 또 도우리라

모든 사람을 내 몸같이 아끼고 사랑하면서
영원히 살고 싶다
걷는 것이 남는 것이다

밑반찬과 비행기

내 딸들은 미국에 산다
그래서 난 미국에 갈 때면 반찬을 만들어 가지고 간다
딸들은 엄마 반찬이 최고라며 너무나 좋아한다

남대문 시장에서 밑반찬 거리를 많이 사다가
집에서 하나하나 정성껏 만든다
그리고 제일 싼 비행기 티켓을 산다
그 비행기에는 나도 타고 짐도 탄다

내가 긴긴 줄을 기다리는데
공항 직원이 내 반찬을 일일이 뜯어 맛보느라
시간이 촉박하다
이 봉지도 뜯어 맛보고 저 봉지도 뜯어 맛보고
다른 봉지도 맛보느라 시간이 많이 걸린다
나는 그 앞에 가서

노 타임 노 타임, 하면서 방방 뛰었다

그렇게 해서 짐을 부치고 나니 시간이 촉박하다
지나가는 사람이 별로 없어 승무원에게 비행기표를 보이니
그 승무원이 내 손을 꼭 잡고 뛰기 시작했다
얼마나 뛰었는지 숨이 턱까지 넘어서는데
겨우 비행기에 탑승할 수 있었다
그리고 막 비행기에 앉자마자
피곤함이 밀려와 난 세상 모르게 잠이 들었다

LA 산불을 보며

내 딸 둘째는 LA에 살고 있다
그런데 LA에 큰 산불이 발생했다
TV를 보며 내 가슴이 타들어간다
이번에 박찬호 선수 집이 불에 타버렸다
LA에 살고 있는 한인 23만 명
내 딸은 대학교에 근무하기 때문
오도 가도 못 하는 처지란다

서울 면적 4분의 1이 불에 타다니
이런 재앙이 또 어디에 있을까
슬픔의 도시가 된 LA
전쟁터를 방불케 하는 LA
역사상 최악에 산불이
LA 도심까지 위험하면 어떻게 하나요

우리 딸, 내 딸은 어쩌면 좋을까요
무사 무탈하도록 매일 밤 잠 못 들며
하늘에 빌고 빌고 또 빌겠나이다

어떤 자연인

고개를 들어 하늘을 본다
구름도 달도 별도 하늘도 보이지 않는
암흑 속 같은 세상이다
검푸른 나무 숲속에 그가 와 있다
이제 얼마 남지 않은 시한부 인생이다
갈 곳 몰라 헤매다 여기까지 왔다
처자식도 모르게 여기까지 왔다

끼니도 모른다
자연에서 풀을 뜯어 먹고
밤낮없이 공기를 배부르게 먹으면서
그저 뒹군다
오늘도 내일도 모래도
세월이 흐르다 보면
자연이 날 살릴 그날까지
날이 가고 달이 가다 보면
자연이 날 살려 줄 것이다

하늘에 빈다
자연에 빌고 또 빌어본다

마스크와의 싸움

우리는 3년 넘게 입마개와 싸웠다
한여름 그 삼복더위에도 입을 막았고
치매보다 더 무서운 것이 사람들이라
상대적 거리두기로 2인 이상 밥을 먹을 수도 없었다

혼자 있을 때 마스크를 풀고 행복해하다가도
사람을 만나면 인사보다 마스크를 먼저 써야 했다
사람들 많은 데는 가지 말라고
딸들은 아우성이었다
딩동딩동, 초인종이 울리면 누가 왔나
문 열기에 앞서 재빨리 마스크를 써야 했다

친구 본 지 벌써 수삼 년이 지나
얼굴이 까마득하게 잊혀져 가는데
보고 싶어도 코로나에 걸릴까 봐 만나기 두렵다

무더운 여름이 와도 마스크를 착용해야 하는지
하늘에 묻고 싶어요

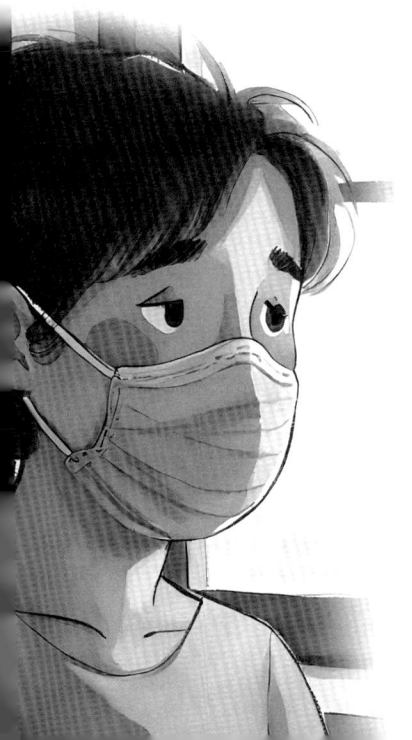

2부

행복을 개간하다

산이야

산이야
오늘 따라 너 산이가 애타게 보고 싶구나
오래전 우리 집 펜션에서 기르던 강아지 이름 산이
내 옆에서 같이 자고 같이 먹고
온갖 재롱을 다 부리면서
무럭무럭 자라던 산이
다 커서는 혼자 곧잘 다니던 산이는
어느 날 집 앞에서 죽어 있다

동네 사람들이 쥐를 잡으려고
논두렁에 넣은 쥐약 밥을 먹었던 같다
산이는 약을 먹고 다 죽어가면서 쉬어 쉬어서
자기 집까지 와서 생을 마감했다

그 후 난 산이 무덤에 가서 매일매일
미안해 너를 지키지 못해서

나는 내 잘못을 가슴에 안고 사과를 했다

난 오늘도 불암산 나비공원에서 산책하면서
수많은 사람들이 자기 애견과 같이 가는 모습을 볼 때마다
아무것도 못하고 넋을 놓고 앉아 있다

그리운 산이야…

남편의 제사 · 1

오늘은 남편의 제사다
그리운 사람을 만난 지
벌써 일 년이나 되었나 보다

남편이 없으면 죽을 것 같았는데
그냥저냥 살아지니
죽은 남편만 불쌍하다

만나면 눈물이 나고 반갑지만
그것도 잠시 잠깐뿐
일 년 뒤로 약속하고 제사상을 접는다

이승과 저승이 만나는 날은
왜 1년에 한 번뿐일까
남편은 정말 나보다 행복하게 살고 있을까
부디 아프지 말고 잘 살길 바란다

남편의 제사 · 2

어젯밤에 그리운 사람을 만났다
그를 못 만난 지 벌써 일 년이 되었다

만나면 그저 잠시잠깐
일 년을 뒤로 약속하면서 또 헤어졌다

영원히 함께하고 싶은 사람이여
몽매간에 불러보는 그 사람이여

일 년 열두 달 함께하고 싶은 사람
내 품 안에 꼭 안고 가야만 할 사람

사랑하는 그 이름이여
사랑했던 그 사람이여

학원을 운영하다

40년 전 경기도 중동 신도시가 들어설 때
난 크나큰 건물 하나를 임대해
15년 동안 종합학원을 운영했다
1층은 유치부와 초등부
2층은 사무실
3층 4층은 중등부 고등부

학원의 문을 열기도 전에
등록하려고 길게 줄지어 설 때 난 황홀했다
내가 학원을 차릴 수 있었던 것은
교사자격증이 있었기 때문이다

난 아침 7시에 집에서 나와 유치부 태우러 다녔고
운전기사는 외곽지로 나가 여러 곳에서 학생들을 태우고 오면
9시부터 수업이 시작되었다

간식은 9시 30분, 계란이 주 메뉴였고
주 2회는 피자를 주었다

초등부는 2시까지 수업
중등부는 3시 30분까지 수업
오후 5시면 초·중등부가 모두 끝났다

저녁 7시부터는 고등부 수업이다
1층에서 5층까지 불야성을 이루며
건물 전체가 황홀한 빌딩이 된다
수업이 끝나면 밤 12시 30분에서 1시가 된다
교사들은 나를 보고 피곤해 보인다며
퇴근하라고 했지만 나는 수없이 거절했다
밤 2시가 되어 다들 퇴근시키고 가야만 마음이 편했다
이렇게 시간이 흘렀다

그때 일 년에 아파트 한 채 살 돈이 들어왔다

아이들이 학원을 시작하고 IMF가 왔다
2억5천이란 권리금도 하나도 못 받고 나왔다
할 수 없이 아이들은 미국 뉴저지로 이민을 갔다
건물 청소, 노점에서 완구 장사까지 고생고생하며
수석으로 졸업해 지금은 변호사로 활동하고 있다

동창회

한 달에 한 번씩 모이는 동창회에 갔다
친구 세 명이 못 나왔다
한 명은 넘어져 다리를 다쳤다 하고
한 명은 고관절이 부실해 못 다닌다고 한다
한 명은 치매인 것 같다

벌써 인생 끝자락인가 봐
그렇게 더도 말고 덜도 말고
백 세까지만 같이 가자고 약속의 약속을 했는데
어찌하오리까

이 모임 우리가 어찌 될까
생각에 생각을 하면
인생이 무상함이 밀물처럼 밀려온다

미국 딸이 보낸 한라봉

딩동딩동
택배가 왔다
미국에 있는 둘째가
내가 먹고 싶은 걸 벌써 알고 보내왔다

난 자라면서 엄마의 속마음을
백 분의 일도 모르고 지났는데
우리 딸 내 딸은 어찌하여
나의 속마음을 알고 한라봉을 보내왔을까

이번에는 네가 너에게 보내줄 순서인데
나는 네가 무엇이 필요한지 모르니
엄마가, 무슨 엄마가
딸보다 못한 이런 엄마가 어디 또 있겠는가

한라봉을 보니
딸에 대한 고마움이
한라산 산봉우리처럼 한없이 부푼다

그 청년

길을 걷다가 우연히 만난
젊은 그 청년은 오른쪽 다리가 없었다
왼팔로 지팡이를 짚고서
왼쪽 다리로만 걷는 그 청년
아직도 살아갈 날이 구만리인 그 청년
내가 잘못 보았나
다시 한번 보고 또 본다

한참이나 따라가 본다
집에 와서도 그 이름 모를
한쪽 다리만 있는 그 청년이
눈에 아롱거려 잠을 잘 수가 없다
눈물이 흘러 잘 수가 없다

몇 년 전 나는 남편이라는 한쪽 다리를 잃고
마음의 불구가 되었다

어떤 청년

3월 25일 더웰내과에서
검사 결과를 보고 나오다가
출구를 잘못 알아 낭떠러지가 있는 곳에서
그냥 정신없이 서 있는데
어떤 청년이 내 휠체어를 재빨리 내려놓고
나를 번쩍 안아서 그 아랫길로 내려다 주었다

난 그때 정신이 없어
그 청년의 이름도 전화번호도 못 물어보고
고맙다는 인사도 제대로 못했다

그날 그 청년이 아니었다면
난 어떻게 되었을까
지금 두고두고 날이 갈수록
고맙고 후회가 된다
그 청년을 한 번만이라도 만났으면 좋겠다

행복을 개간하다

경기도 포천군 영중면 거사리
육안으론 도저히 바라볼 수 없는 넓고 넓은 그곳
전기도 식수도 없는 황무지
그곳에도 사람들이 살고 있었다

50년 전 우린 그곳 그 마을을 개간했다
아래는 영평천이 유유히 흘러가고
개간하다가 청춘이 둘이나 가사를 탕진하고
목숨을 버린 그곳

우린 절벽 밑 강물을 산 위로 끌어올려
정부의 도움 없이 물과 전기를 가설하여
그 넓은 10만 평을 기름진 옥토로 만들었다

가을에 추수하면 서로 자기네 방앗간으로 오라고 했다
 준공식 날 군수님 군직원 면직원 마을 사람들 다 모여
 큰 소 한 마리 잡아서 온 동네 잔치했다

 군에선 우리에게 표창장까지 주었다
 난 그때 그 산으로 다니면서 한없이 행복했다
 그 가을 가난한 집엔 쌀 한 가마니씩 나누어주었다
 난 그때 베푼다는 것이 끝없는 행복이란 걸 알았다

스승의 날 단상
- 안승하 선생님께

올해도 스승의날이면

20년 전 하늘나라에 가신 스승님 생각이 밀물처럼 밀려온다

1955년 초등학교 6학년 때 나는 안승하 스승님을 만났다

나는 중고등학교와 안동사범대를 수석으로 졸업한 후

첫 부임지로 은사님이 계시는 영주 서부초등학교로 발령받았다

스승님은 교무실에서는 김 선생님이라고 불러주시고

아무도 없을 때는 '숙아, 정숙아'하고 다정하게 불러 주셨다

피곤하지만 스승님이 하실 업무를 자주 도와드렸다

스승님은 나의 재능을 인정하시고 공부 더 해서

중고등학교 교사로 가라고 몇 번씩 권했다
스승의 날이 되니 안승하 선생님이 더욱 생각이 난다
젊었던 숙이는 구십을 바라보지만 마음만은 청춘

스승님, 요즈음은 젊은 친구들과 시공부에 빠져서
뒤늦은 행복감에 잘살고 있어요
이 모두가 스승님 은혜라
오늘도 감사드립니다

인간 같지 않은 인간

동창 모임에 급히 가느라
엘리베이터를 타야 하는데
급한 마음에 에스컬레이터를 탔다
오른손 장갑 낀 손으로 꼭 잡지 못했나 보다
그 자리에서 바로 뒤로 넘어져 머리를 다쳤다
누구 도움 없이는 바로 죽을는지도 모르는 현실
그런데 사람들이 그냥 지나간다
사람이라도 불러주고 갈 것이지
그 현실 앞에서 사람을 그냥 두고 가다니
 지금 산불현장에서 한 사람이라도 살리겠다고 난리인데
 죽어 가는 사람을 눈앞에 두고 모르는 척 지나가는
 인간 같지 않는 그 인간
 이 땅이든 하늘나라에서 만나면
 절대 그냥 두지 않으리라

강아지

길에도 산에도 공원에도
강아지들이 너무 많다
선남선녀들이 강아지를 품에 안고
예뻐서 어쩔 줄 모른다

가다가 오줌을 누이고
또 안아서 뽀뽀하고
억수로 퍼붓는 소나기에 맞을까
옷 속으로 숨긴다

이 세상에 어느 하늘 아래
이런 효녀 효자가 있을까
아이들을 낳아서
저렇게 지극정성으로 길렀으면,
한없는 바람이다

6.25 전쟁이 일어나던 날

내가 6학년 때였다
6월 25일 11시경 수업 시간에 선생님은
전쟁이 났다며 집으로 빨리 가라고 하셨다

나는 선생님한테 인사도 없이
친구들에게 말도 없이
허둥지둥 뛰어서 집으로 왔다
아버지는 벌써 집에 와 계셨다
아버지가 엄마에게 빨리빨리
'저 건너 집으로 가거라'고 하셨다

여기 다 모여 있다가 폭격이라도 맞으면
둘 중 하나는 살아남아야지
저 어린 자식은 어찌하라고 그러느냐며
엄마와 동생들은 그대로 두고
아버지는 나만 데리고 건넛집으로 가셨다

그때 아버지의 바다같이 깊은 마음을
나는 세월이 한참 흘러서야 알았다
내가 두 눈을 감을 그날까지도
영영 못 잊을 우리 아버지
네가 아버지의 고마움을 아느냐고
수천 번 수만 번 물어본다
하늘에 내 양심에 대고 묻고 묻고 또 묻는다

6.25 전쟁

6.25동란 때 우리 집은 인민군 소굴이었다

우리 집은 넓은 마당에 방이 7개 크나큰 부엌
아이들은 학교에서 돌아와
날마다 우리 집으로 몰려들던 집이었다

그런 집이 인민군이 소굴이었다
인민군이 철수하고 나니
우리 안방과 부엌 아궁이에는
인민군의 돈가방이 남겨져 있었다
어머니는 너무 놀라 경찰에 신고 했다

나는 자라면서 늘 인민군이 두고 간
돈가방 생각에 빠져 있었다
늘 그 인민군이 두고 간 돈가방 찾으러
총을 들고 올 것만 같은

환상에 빠져들곤 한다

지금도 그 생각만 하면 몸서리가 쳐진다

피란을 가다

우리는 아주 나무가 울창한
깊은 산속 큰 집으로 피난을 갔다

거기도 여전히 위험한 곳이었다
인민군이 가끔 나타나곤 했다

아버지는 높은 산 아래
우리 밭을 파서 밤낮 거기서 숨어 사셨다

우리는 밤이면 몰래몰래 음식을 드리고
풀로 덥고 또 덮고 오곤 했다

그 세월 그 시절이
잊지 못할 추억이 되다니

아버지는 생의 전쟁에서 영영 돌아오지 못하고
나는 아직도 피란 가는 꿈을 꾼다

치매

요즘은 젊은이들의 모습과
내 행동의 감정이 너무나 다르다
난 내 나이 80세 무렵에
치매란 두 글자는 생소한 글자였다
그저 산 넘고 물 건너 남의 얘기인 줄만 알았다
세월이 흘러 90이 다가오니
어느새 그가 내 옆에 살며시 와 있는 것이 아닌가

난 너하고 절대로 친하고 싶지 앓으니
저리 가거라

내 최선을 다해 싸워 반드시 이기리라
다짐하고 또 다짐해본다

그런데 오늘은 점심을 먹었는지
안 먹었는지 생각이 나지 않는다
어느새 그가 내 옆에 와서 살고 있나 보다

하늘색

세상의 모든 하늘 색깔은 각자 다르다
영월의 하늘은 강이 있고
산이 있어 공기가 너무 좋다

하늘 색깔이 다른 동네랑은 정말 다르다
너무나 청명한 하늘이다
서울의 하늘은 오염된 공기 때문에 늘 흐리다

난 여기 공기 좋은 영월의
티 없이 맑은 가을 하늘 아래서
오손도손 바비큐 파티를 하면서
즐기는 청춘 남녀가 얼마나 부러웠는지 모른다

영월에는 영월 맑은 하늘색이 있고
서울에는 서울 뿌연 하늘색이 있고
가을에는 가을 바알간 하늘색이 있다

젊은이에겐 젊은 하늘색이 있고
늙은이에겐 늙은 하늘색이 있고
죽은 이에겐 죽은 하늘색이 있다

색깔은 아무런 문제가 되지 않는다
사람을 사랑하고 하늘을 우러르는 자만
사람의 하늘을 이고 살 수 있다

산불

무안 공항에서 비행기 폭발 사고가 난 지 얼마나 되었다고
이리 큰 산불이 나다니
그 비행기 사고의 상처가 채 아물기도 전에
이리 큰 산불이 나다니

이 안동의 산불은 내 가슴을 태웁니다
안동에서 학교를 다녔고
아직은 내 친구들과
사촌들의 가족이 있는 곳

강풍이 몰아치고 산불이 활활 타오를수록
내 아픔의 강풍이 몰아치고
내 육신이 타들어 가는 것 같습니다
앞이 안 안이고 온몸이 떨리는구나
바람아 바람아 불지 말아아

좀 참았다가 더운 여름에나 오너라
그래야 너도 환영 받을 것인데

이런 몹쓸 놈의 바람이
더 넓게 넓게 더 멀리멀리
산골짜기로 계곡으로 나뭇가지로
합세하네요

이런 도깨비불이 또 있을까요
작은 실수가 아주 작은 실수가
이렇게 크나큰 산불이 되다니
자나 깨나 불조심 꺼진 불도 다시 보자
그렇게 외고 또 외우던 표어를 망각하고
산불을 내다니
폭우가 내려 얼른 불이 꺼지기를 기도합니다

불나는 꿈

불암산 나비공원
내가 사는 동네 이 공원
앙상한 나뭇가지에
불길이 날아왔네요
바람이 합세하여 몸부림치면서
순식간에 온산 전체가
불덩어리로 변했네요
불이야 불이야
안 돼 안 돼 타면 안 돼
절대 절대로 안 돼
큰소리로 불이야 불이야 소리를 지르며
내가 죽다가 놀라 깬 꿈
오 하나님 고맙습니다
꿈이라서 다행이고 고맙습니다

안동 산불이 내 꿈까지 태우고
내 맘까지 태우네요

낙엽 불씨

전국의 산이란 산은
이제 조용하다
잠잠하다
모두모두 잠을 잔다
불이 다 꺼졌나 보다

그런데 산봉우리에서 빨강 불빛이 비춘다
아아, 조그마한 낙엽 한 잎에 불씨가
땅 사이에 살아 있을 줄이야

"꺼진 불도 다시 보자"란 표어가
여기에 적중하네요
가벼운 낙엽 한 잎에 붙어있는 불똥이
2, 3일 지나도록 남아 있다가
그리 넓은 땅을 다시 태울 줄이야

이삿날

단독주택에 살다가 새 아파트로 이사를 간다
아이들은 좋아서 이리 뛰고 저리 뛴다

그런데 마냥 좋아할 일은 아니다
아파트로 가면 매달 내야 하는
주택부금 걱정이 태산이다
그러나 그 걱정은 내 몫
그런 걱정은 내 몫이니 아이들에게 보이지 말자

며칠 전 폐암인 친구가 산으로 들어갔다
자연이 살릴 거라는 희망을 가지고

뭉게구름이 아픈 데를 반드시 고쳐줄 거라며
자꾸만 가까이 오라 손짓을 한다
우리 뒤를 따라오면서 꼭꼭 지키겠노라고
손가락을 걸자고 한다

이 아파트에서 오래오래 살고 싶다

3부

시간과 아픔

만물은 소생하는데

산 넘고 물 건너서
보이지 않는 머나먼 그곳에서 오는 봄

불암산 나비공원에 나뭇잎은
서로 다투어 파랑 잎을 자랑하고 있네요
서로가 먼저 나에게 오겠다고
우리 집으로 오겠다고 아우성이네요

그러나 보이지 않는 그 사람
길을 잊었나요
집을 못 찾나요
보고 또 보아도 안 나타나는 그 사람
내 기다림이 부족했나요
그동안 내가 지은 죄가 많다면
반성하고 사죄하리다
만물이 소생하는 봄인데

당신은 왜 소생하지 못하고
왜 모습을 안 보여주시나요

축제를 보는 조급한 마음

불암산 나비공원 앞
바로 내 집이 여기에 있다
공원에 철쭉꽃이 만발했다
오늘은 철쭉꽃 행사가 있는 날
너무나 황홀하다
저 멀리서도 가까이에서도
사람들이 밀물처럼 몰려든다
걸을 수가 없다
인파에 밀려 조금씩 앞으로 가고 있다
해는 서산으로 가는데
해가 질까 봐 어두워질까 봐
인파는 더욱 많이 몰려온다

여자아이가 철쭉꽃에 입맞춤하고
옆에 누워본다
오! 아름다움이여

소리를 질러본다
오 시간이여 가지 말아라
어둠이여 좀 더 있다가 가거라

좀 더 조금만 더 있다가 가거라
오늘의 이 마음을 마음껏 누리고 싶구나

그런 조급한 마음도 잠시뿐
알고 보니 이 축제는 한 달간 이어질 것이라 한다

나도 몰래 지나가는 춘삼월

벌써 꽃피고
종달새 울어대는 춘삼월이 지나가네요
주위가 모두 봄으로 무르익어 가네요
무엇이 그리 바쁜지
봄맞이는커녕 봄바람도 맞이하지 못하고
봄이 저만치 가네요
나 자신에게 물어보고 또 물어봅니다
봄바람이 부는 데도 모르고
꽃이 피는 줄도 모르고
꽃망울이 지는 데도 모르다니요

무슨 설움이 그리 많아
세월이 가는 줄도 모르나요

바람에게 부탁하다

반갑지 않는 불청객이 또 오는구나
이 인간 세상에 그리도 오고 싶으냐
한평생 자란 나무들에게
바람아 네가 화마로 변했구나
넌 지금은 저주받는 존재
더 이상 우리 인간의 목숨을 앗아가지 말아다오
바람아, 너는 산불의 주범이 되지 말아다오
간절히 부탁하노라

봄이 오면

봄이 오면 가난한 친정 가지 말고
들과 산으로 가라고요

들엔 냉이 쑥 달래 원추리 취나물 곰취 지천이지요
쑥은 쑥 인절미 쑥버무리
찹쌀가루를 무쳐 찌지요
겨우내 땅속 깊이 정기를 받은
봄 냉잇국도 일품이고요
냉이된장국을 맛보셨나요
취나물은 키가 크고 잎이 넓어 보쌈도 하지요
달래는 양념간장으로 일품이죠

봄이 오면 내 마음이 아주아주
청춘이 되고 있어요
이 산 저 산 날아다니는 몸과 마음

3월의 눈보라

3월 마지막 주 일요일에
눈보라가 흩날립니다
어디에 갔다 왔는지
바람은 눈을 많이 싣고서
아주 힘차게 달려오네요
지금 오면
내년에나 오겠다는 약속을 하면서
넓고 넓은 하늘에게
마지막 작별 인사를 멋있게 하려고
눈보라를 싣고서 자유자재로
돌고 돌아 다니네요

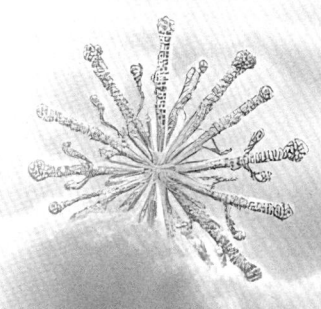

삼월에 내리는 함박눈

눈이 오네요
하루 종일 눈보라가 몰아쳐
앞이 안 보이네요
지금 꽃 피는 춘삼월인데
겨울은 아직도 가기 싫은가 봐요
무슨 설움 그리 많아 몸부림치면서
인간 세계로 내려오나요
함박눈이 올 때는 지났는데
무슨 사연이 그리 많아 내리는가요

눈아 눈아 함박눈아
왜 인간 세계로 왔니
이 인간들에게 하소연하러 왔니
그 사연을 내가 달래주리다
내가 어루만져주리다
이 인간들은 네가 반갑고 한없이 기쁘다 고맙다

아이들은 너를 보고 이리 뛰고 저리 뛰고
하루 종일 해 저무는지 모르네

시간과 아픔

봄 여름 가을 겨울
세월은 흘러가고 또 그렇게 흘러갑니다

바람도 흘러가고
구름도 흘러가고
시간도 흘러가고
생각도 흘러갑니다

모든 것이 그렇게 흘러가는데
왜 내 아픈 마음만은
마음속 깊이 자리 잡아
떠날 줄 모를까요
왜 내 아픈 마음만은
머릿속 깊이 자리 잡아
흘러가지 못할까요

아픈 일도 모두 흘러갔으면 좋겠습니다
힘든 일도 모두 흘러갔으면 좋겠습니다
슬픈 일도 모두 흘러갔으면 좋겠습니다

그래 시간이 가고 세월이 가다 보면
언젠가는 잊혀지겠지요
언젠가는 지워지겠지요
언젠가는 멀어지겠지요

식목일 단상

오늘은 식목일이자 한식
나무 심는 날이다
해마다 4월 5일이면
전국 학교에서는 나무를 많이 심었다
이 들판 저 들판으로
나무를 수없이 심고 심었다

그런데 올해는 산불로
수많은 우리의 산들이 불타버렸다
올해는 더더욱 많이 나무를 심어서
불타버린 그 자리 그 벌판을
푸르게 푸르게 만들었으면 좋겠다

나무들이여
온몸과 마음을 다해서
건강한 우리 들판을 만들어다오

부디부디 잘 자라서
대한민국을 임업 강국으로 만들어다오

방에서의 꽃구경

불암산 나비공원
온 들판이 꽃천지다
온 들판에 봄꽃이 서로 다투어 피어나려고
난리법석이다

먼저 세상 구경을 하겠다고
내가 먼저 터를 잡겠다고
내가 먼저 꽃동산에 만들어 자랑하고 싶다고
아우성이다

꽃동산을 얼마나 예쁘게 만들어가는지
새들도 왔다 가고
벌 나비도 수없이 왔다 가네요

수많은 사람들에게 안식처가 될
이곳 불암산 나비공원

그곳이 바로 우리 집 앞이다
나는 내 집 방에서도 마음껏 밤낮으로 구경을 한다

이 공원을 만든 공무원님들
노동자 여러분 고마워요
내가 꽃밭에서 살아갈 수 있도록
나에게 행복을 주서서 고마워요

행복이여 내 곁에서 영원무궁토록
떠나지 마소서

폭포에게

바라만 보아도 시원하고
더위를 순식간 날려버리는 모습
행복해지는 폭포
시간 가는 줄 모르고
자꾸만 너에게 빠져들고 있다

그렇지만 너는
그 높은 데서 뛰어내릴 때 얼마나 무섭겠니
고향으로 돌아가지 못할 걸 알고
그 먼 데서 떠나올 때 얼마나 서글펐겠니

나를 버리고 남을 위해 사는
이타심 많은 폭포에게
오늘도 감사한다

4월

4월이 간다네
내가 사랑했던 그이가 떠난다네
산이나 들판에 불꽃을 피워 놓고 혼자 가다니

내 마음에 번지는 불꽃
이 불꽃을 어이하라고
5월을 혼자서 어찌 감당하라고

좀 더 기다렸다가
깊은 향기 맡으면 녹색 옷 갈아입고
5월과 같이 갈 수 없는 거니

어떤 충신

이른 봄 앞마당에 호박구덩이 깊이 파서
거름을 많이 해서 기름진 땅을 만듭니다
물을 붓고 음식 찌개도 부어
기름진 땅을 만들지요

사월이면 호박씨를 심어 싹이 트면
세상 구경하러 올라옵니다
꽃이 피고 열매가 달리며
파란 잎이 노랗게 물들어 가면
아주 어린 호박은 방울 같고
토마토 같고 사과만 하지요

호박아 넌 아침저녁으로 운동도 하지 않는데
어찌 그리 잘 자라니
고맙다 고마워

호박은 어느 누구도 할 수 없는 충신
그 씨를 후손까지 자자손손 이어가는구나

철쭉꽃 위로 내리는 비

비가 온다
비 내리는 장마철도 아닌데
한없이 끝없이 오네요
불암산 나비공원에 철쭉을
빨리 데려가려고
하늘나라에서 심술을 부리나 봐요

많은 사람들이 우산을 쓰고 우의를 입고
아름다운 철쭉을 보내기가 아쉬워서
그 마지막 자태를 간직하고 싶어서
줄줄이 서서 밀리며 앞으로앞으로 걷네요

왜 인간들은 마지막 인사가 왜 그렇게 애틋한지
화려한 꽃밭이 사람 꽃밭으로 변했네요
철쭉아, 비바람에 잘 견디어 내년에 다시 보자
난 너를 한없이 사랑하고 사랑한다

저녁노을

인수봉으로 넘어가는 저녁 노을이 붉다
문득 강원도 영월에서 펜션을 운영하던 때가 떠오른다
동강 기슭으로 저녁노을이 내리던 그날
펜션 주위로 둘러싸인 푸른 나무들은 모두 붉게 물들었었다

노을이여 그때 그 모습 그대로 보여다오
그 젊음의 용광로 속에서 그 펜션과
내 젊음 그대로 꺼내다오
그 불타는 용광로와 같이
내 인생을 다시 끓여다오

노을이여
그대는 정녕
내 젊음을 다시 끓일 수는 없는가'

폭염

아침저녁 서늘한 바람이 옷깃을 스미게 한다
이젠 완연한 가을인가 보다
전국 방방곡곡의 푸른 잎은 붉은 잎으로 갈아입고 있다

지난 여름은 어찌 지내셨나요
방송에선 폭염이 끝나간다고 몇 번이나 보도를 해놓고서
사흘이 멀다 하고 오고 또 오고
태평양을 건너 대서양을 건너
내년에 오겠다고 해놓고는 또 오고
방송은 거짓말쟁이다
폭염이란 이 두 글자는
죽을 때 잊지 않으리
사람의 목숨까지 앗아간 네가
먼 훗날 돌아온다면

아니 내년에 또 온다면
영원히 여기에 눌러앉는다면
어떻게 하지

어디로 숨어버릴까
나는 못 찾는 곳으로 도망갈 것 같다

보름달

해마다 추석 명절이면
환히 웃으시며 찾아와
소원을 들어주시던 분

올해는 왜 못 오시나요
구름에 덮혔나요
비에 막혔나요

벌써 시간은 흘러
자정 넘어 새벽으로 가는데
아직 못 오시네요

올 추석에도 그리운 사람들과
소원을 빌고 빌어보려고 했는데
어찌하오리까

당신을 만나려면 또 일 년을
기다려야 하나요

이제 난 몸도 마음도 약해져 오네요

달님 달님 보름달님
난 어찌 하오리까

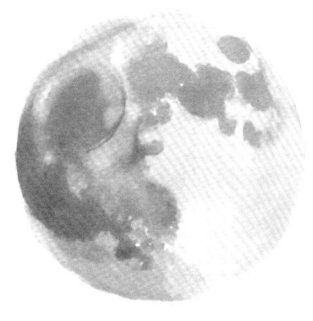

추석

아이들은 아버지의 제사를 절에서 모시자는데
난 내가 직접 정성껏 만든 음식을 드리고 싶어
며칠 동안 준비한 차례상 앞
그대 앞에 와 있어요

그동안 얼마나 외로웠어요
얼마나 배가 고프셨어요
천천히 많이많이 드시고
아무 근심 없이 잘 지내세요

혼자 보내서 미안하오
따라가지 못해 죄송해요
당신이 그토록 사랑했던
우리 아이들 잘 지내고 있어요
고마워요
앞으로도 영원히 도와주세요

당신을 보면서 보름달을 보면서
우리 가족 무사무탈을 비는데

조그마한 여인의 목소리가 들려옵니다
아들이 대학입시를 보는데
제발 제발 합격하게 해달라고
빌고 비는 그 여인
저렇게 애절한데
나도 같이 빌어주었다오

소원이 꼭 이루어지리라는
간절한 바램이라오

단풍

여기는 불암산 나비 공원
근처에 내 집이 있다
여름엔 시원한 바람이 불고
지금은 가을이 깊어 가고 있다

어제는 단풍이 나를 찾아왔는데
오늘은 별다른 소식이 없구나
검푸른 녹색이 붉은색으로 물들어가니
난 날이면 날마다 보고 또 보고 싶은
나는 소녀
하루 종일 단풍처럼 날아다니고 싶구나

눈 덮인 산야는 싫다
진녹색이 연녹색으로
노랑이 빨강으로 물들어가는 가을이 좋다

아, 나의 계절은 겨울
영원히 가을에 머물고 싶다

앙상한 나뭇가지

불암산을 오른다
앙상한 나뭇가지에서 떨어진
단풍 든 나뭇잎이 바람결에 뒹군다

길을 잃은 내 마음도
바람 따라 구름 따라 헤매며
거리를 뒹군다

잊으라면 잊지요
그 옛날 추억들
그까짓 것 못 잊을까 봐

나는 혼자 앙상한 나뭇가지가 되어
비바람 다 맞고 있다
언제까지나 언제까지나

눈이 오네요

기다리고 기다리던 눈이 온다
그 옛날 추억을 싣고 눈이 온다
산 넘고 물 건너 눈이 온다

엄마 아버지
사랑했던 그 사람
햇볕아, 나지 마라
추위야, 흐르지 마라
난 너를 잃을까 봐 걱정이다

내 고향 같은 눈
내년에 다시 너를 보게 된다면
그 옛날 그 추억을 꼭꼭 안고서
나에게로 오라고 부탁을 한다
내 괴로운 삶을 하얗게 덮어
어둠을 지우며 살아야 하기에

전철

전철 안에는 수많은 사람들이
수많은 사연을 안고 달리고 있다
사연 하나가 내리면
또 다른 사연 하나가 올라탄다

당고개 서울역 사당 안산…
그 많은 정거장을
내리고 또 타고
그런 사연들을 안고서 돌고 돈다

나도 돌아다니다 보면
그 뼈아픈 사연들을 잊어버릴 수 있을까

지하철 공짜
지공선사가 된 지 오래인데
나도 공짜 지하철을 타고 돌고 돌아 다녀볼까

청량리역

3시간 넘게 달려온 청량리역
밤 8시 30분 서울로 이사를 했다
집으로 가야 하는데 죽어도 절대 안 가고
다시 영월 가서 사업을 하겠다고 해놓고
사업을 못 끝내고 오니
마음의 상처로 남았나 보다

청량리역 바깥엔
번개 천둥에 소낙비가 우르릉 꽝꽝
벌써 다섯 시간째 내리고 있다
그냥 그 자리에서 내려가겠다고 버틴다

오 하느님 도와주세요
빨리 서울 집으로 가서 병원에 가게 해주세요
간절히 기도하며 여섯 시간 만에 집에 오는데
창밖엔 소낙비로 덮여 시야가 전혀 보이지 않는다

지금도 그때 그 한 어린 청량리역이
눈에 선하다

정처 없는 이 발길

오늘도 난 그린공원 운동장으로 운동을 간다
운동장엔 수많은 사람들이 수많은
사연을 안고 돌고 돈다
난 허리가 아파 제대로 걷기가 힘들다
젊은 사람들은 팔을 힘차게 휘저으며
열심히 걷고 또 걷지만
나는 조금 돌다가 쉬고
조금 돌다가 또 걸어야 한다

다른 사람에 시선이 나에게로 온다
그러나 나는 나른 사람의 시선은
아랑곳하지 않는다
그래 난 어떤 일이 있어도
이 아픈 다리를 고쳐야 한다
난 하루에도 몇 번씩 다짐하고 실천한다
아무리 힘들고 괴로워도

내 생이 끝나는 마지막 그날까지
똑바로 걸어서 예쁘게 가리라
다짐하고 다짐하면서 오늘도 걷는다

유행가 가사처럼
오늘도 걷는다마는 정처 없는 이 발길이다

나는 자연인이다

TV에서는 자주 '나는 자연인이다'를 방송한다
그런데 나는 완전히 자연인이다
직장에 나갈 필요도
아이를 챙길 필요도
남편의 수발을 들 필요도 없는
완전한 자연인이다

자연인인 내가 고개를 들어 하늘을 본다
구름도 달도 별도 하늘도 보이지 않는 암흑 속
검푸른 나무 숲속 내가 와 있다
이제 살날이 얼마 남지 않은 나
병원에선 시한부 인생이라 한다
갈 곳을 헤매다 여기까지 왔다
자식도 모르게 여기까지 왔다
밤낮없이 끼니도 모른다

자연에서 풀을 먹고 공기를 마시면서 그저 뒹군다
오늘도 내일도 세월이 흐르다 보면
자연이 나를 살릴 그날까지 나는 자연인이다
날이 가고 달이 가다 보면
자연이 날 살려 줄 것이다
하늘에 빈다
자연에 빌고 또 빌어본다
내가 의지할 곳이라고는 자연뿐
나는 완전한 자연인이다

택시

택시에는 수많은 사람들이
수많은 사연을 안고 타고 내린다

지난날 우리 아저씨를 태우고
서울 대학병원에 가야 했다

택시를 잡으려 했는데 그냥 지나간다
또 한 대가 가고 세 번째 택시
내가 발을 동동 굴러서 잡은 차
기사는 "집에 가서 아내의 밥을 챙겨주어야 하고
나도 식사를 해야 한다"고 했지만
난 사정사정해서 병원 진료를 빨리 보아
위험한 고비를 넘었다

나의 저녁 일기장에는 택시 기사가
앞날이 무사 무탈하도록 빌고 빌어 주었다
앞으로도 내가 살아 숨 쉬는 그날까지
눈에 보이지 않는 그 고마움을 잊지 않겠다

생명의 은인 택시 기사님
영원히 무사 무탈하시기를
그 가정에 행운만 가득하시기를

까치의 생각

불암산 나비공원 공원에서 산책을 한다
까치가 깍깍 울면서 계속 내 뒤를 따라온다
뭐라고 계속 나에게 말을 건다

내가 물었다
뭐라고? 말을 크게 해 봐
기쁜 소식이 있다고
무슨 소식?
아주아주 반가운 소식?
말을 해봐
왜 말을 안 하고 울고만 있니?

까치 왈
나는 우는 것이 아니고 웃는 거야
난 너하고 친구로 사귀면서
사람 말을 배울까 해

그래서 이 산 저 산 날아다니는 중이야
인간의 말을 모두 배워서
만 인간에게 기쁜 소식 슬픈 소식을
통역해 주고 싶어

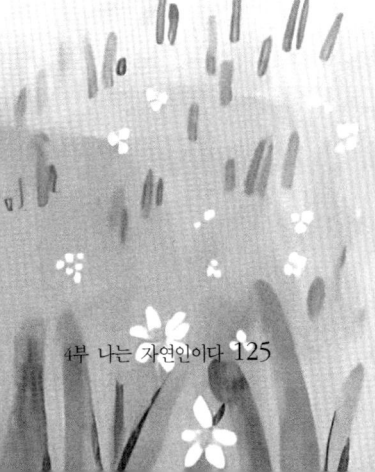

김장값

요사이 주부들이
밤낮으로 하는 걱정거리는 김장이다
몇 년 사이에 치솟는 무 배춧값이
어떻게 이렇게까지 오르는가
주부들은 어떻게 하라고

서민들은 밤낮으로 걱정에 우울증에 걸리겠구나
한 끼도 한국인 밥상에
김치 없이는 안 되는 게 현실인데
날이면 날마다 너울 뛰는 채솟값
너를 따라가다가는 뒤로 넘어지겠으니
어찌하면 좋으랴

무 배추가 아니고 다른 야채로 김장을 하면 어떨까
엉뚱한 생각을 해본다
자자손손 대대로 내려오는 김장 풍습을
여기서 말 것인가

세뱃돈

설이 왔다
빨강 파랑 노랑 오색 복주머니 앞에 차고서
마을 어른신들께 세배하러 다닌다

넌 얼마야 난 얼마인데 자랑들 하지만
난 그 돈으로 학원비 내려고
난 그 돈은 쓸 수가 없었다

난 우리 엄마 병원비 보태야지
난 그 돈으로 친구가 다니는
오락실은 절대절대 안 갈 거야

난 어서어서 자라서 돈 많이많이 벌어서
세뱃돈 많이 주는
하늘처럼 높고 땅처럼 넓은 사람이 되어야지
온천지가 빛나기를 소망해본다

이 세상 모든 어린이는

고구마 가족

얼마나 부끄러움을 타는지
땅속으로 깊이깊이 들어갔구나
파도 파도 안 나오는 고구마
여름 내내 비바람 이겨내고
삼복더위를 견딘 고구마
호미로 파도 파도 꿈쩍도 안 한다
고구마야 이젠 세상 구경하러 나오너라
얼마나 팠는지 마침내 고구마 가족이
방긋 웃으면서 고개를 내민다
엄마 아빠 아들 딸, 얼마나 다정스러운지
옹기종기 모여 앉은 고구마 가족
서로서로 부둥켜안고
방긋방긋 웃고 있는 고구마 가족
보는 사람도 마냥 즐겁고
나도 두둥실 춤이 절로 나온다

딸들 모두 불러 고구마를 쪄먹으며
나도 행복한 가족 모임 한 번 하고 싶다

진눈깨비 오는 날

그제는 비가 오더니
어제는 눈이 오더니
오늘은 눈비가 섞여 내려요

비는 여름이 빨리 오라고 내리고
눈은 겨울이 빨리 오라고 내리는데
내가 사는 나비공원에 눈비가 함께 오네요

오늘은 눈을 맞으면서 하염없이 걷고 싶어라
정처 없이 걷고 또 걷고 싶어라
그 옛날 눈이 오던 날
둘이서 손을 꼭 잡고 거닐던 그 길
지금은 먹구름이 하늘을 다 덮었네요
시야가 너무 희미해서 어디가 어디인지
하늘인지 나무인지 도로인지 구별이 안 되네요

내 집 앞 창문도 보이지 않는 현실
오늘은 내 마음은 눈비와 같네요
언제까지나 어디까지나 홀로 살아야 하는
진눈깨비와 같은 세월이네요

임영웅 상암동 콘서트

히어로 임영웅의 상암동 콘서트
임영웅 히어로의 노래 듣고 춤추는 동안은
우울증 암환자 모든 위급환자도 노래하고 춤춘다

밤하늘에 별들 모든 동식물도
무임으로 히어로의 공연을 즐긴다
표를 구하지 못한 자 간접으로
즐긴 자도 모든 고통을 잊고
한없이 끝없이 즐거운 삶이 이어질 것 같다

또 촬영이 있을 때는 그 마을 집집마다
과일 한 박스씩 돌린다네요
유명 가수가 보낸 사과
생각만 해도 행복해질 것 같아요

히어로의 공연에
직접 표를 구하지 못한 자도
간접경험만으로도
충분히 상상의 날개를 펴면서
얼마든지 행복해질 수 있답니다

그 밤이 그리운 밤

우리 집 마당 가의 밤나무
봄이면 밤꽃이 피고 푸른 잎은 짙어간다
조그마한 밤송이가 달린다
그 밤송이가 너무 신기해서
하루에도 몇 번씩 보고 또 보았다
모진 비바람에도 낙오자 없이 잘 자라고 있었다
초가을이 좋아서 그가 입을 벌리기 시작했다
내가 가면 반갑다고 더 크게 웃는다
그러다 나에게 오겠다고 내 앞에 툭 뛰어내린다
난 '고마워'하면서 영원히 간직했으면 하는 마음에
방안으로 데려와 예쁘다 귀엽다 어루만진다

아, 그리운 그 밤의 밤
다시 그 밤으로 돌아갈 수 없단 말인가
지금은 왜 그 집 그 밤나무와 떨어져 있어야 하나
내 사랑했던 숱한 그 밤의 그 사람도 갔다

밤이면 그 밤이 그립고
밤을 보면 그 밤이 그립다

구름 가족

하늘 높이 사는 구름이네 가족
햇빛을 외면하는 가족

애들아 멀리 가지 말아라
우리는 꼭 같이 있어야 한다
엄마 구름이 아이들 구름을 챙긴다
눈 깜짝하는 순간 막내가 없어졌어요
막내야, 막내야
엄마는 동쪽으로 아빠는 서쪽으로 찾아다닌다
비바람이 몰려온다
막내는 얼마나 얼마나 무서울까

비야 바람아 햇빛아
우리 가족 다 같이 모여 살게
제발 멀리 아주 멀리 가거라

사람 사는 구경하면서
오순도순 재미있게 모여 살게

맨발의 연인

수락산 중턱 소나무 밑 한 여인이
나뭇잎 따라 부지런히 쓸고 쓴다

운동화도 벗고 양발도 벗고 맨발로 쓸고 간
남편 뒤를 따라 맨발로 돌고 돌아 다닌다

맨발로 땅을 밟아야 건강에 좋다는 말
맨발의 여인이 부럽고 질투가 난다

잘 쓸리지 않는 솔방울도 손으로
일일이 지극정성으로 주워 버린다

이곳 산 중턱에 있는 맨발로 걷는 작은 운동장
우리의 몸 지킴이가 되기를 기원해본다

근린공원

나는 늘 아침 다섯 시면 잠에서 깨어난다
그리고 아침 운동을 근린공원으로 간다
수많은 사람들이 그 공원을 돌고 돈다
육체의 아픔
마음의 아픔을 잊으려고
애써 땀 흘려 돌고 또 돈다
나도 그중 한 사람이다

운동은 나에게 위안이고 안식처다
오늘도 난 이 공원에서 그리움을 잊는다
잠시라도 이 순간만이라도
잊을 수 있는 근린공원이 있어
참 좋다
나는 누구에게 근린공원처럼
가보고 싶고
만나고 싶은 사람일까

영생의 입구에서

난 매일 오후엔 수락산 입구까지 간다
집안에만 있기엔 너무 괴롭다

친구와 같이 걷는 사람들
부부와 같이 걷는 사람들
애견과 같이 걷는 사람들
그런데 난 늘 혼자다
누구와 같이 말하기도 싫다

날이면 날마다 푸른 잎은 짙어만 간다
가을이 오면 붉은 잎으로 변하고
초겨울이면 낙엽으로 변한다
사물에 이치는 늘 변하고 있는데
왜 나만이 그냥 이 자리에 이대로 있는가

나도 변하고 싶어서 시를 쓴다

나는 날마다 수락산 입구까지 오지만
시를 쓰는 나는
이제야 영생의 입구에 도착한 걸 깨닫는다

감기

감기야
너는 작년 3월에 내게로 와서
내 집에서 일 년을 살았구나
나랑 같이 사는 동안 기침도 나고 열도 났지만
그래도 네가 옆에 있어서
내가 살아있는 것을 느낀다

감기야
이젠 따듯한 봄이니 그만 내 집을 떠나
다른 나라로 갔다가
내가 그립거든 다시 날 찾아와줄래

아니 싫다
나는 정말 네가 싫어
너랑 말하기도 싫다
꼴도 보기 싫다

이젠 제발 저리 가줄래

난 너 때문에 얼마나 고생했는데
넌 영원무궁토록 잊을 수 없는 악몽 같은 추억이야

지금 몸도 마음도 지치고
지친 이 몸 어찌어찌 회복하리오
도와주소서
빠는 시일에 회복하도록 빌고 빌어봅니다

그리움

붙잡고 싶었던 그리운 그 사람
매달리고 싶었던 그리움의 나날들

강아지풀이 나처럼 흔들린다
거미줄에 걸린 하루살이 하나
바람에 그네를 탄다
그리움이란 강아지풀
나는 삶이란 거미줄에 걸린 하루살이 하나

걸어온 길 모르던 내가
갈 길을 어찌 알 수 있을까

나이아가라폭포에서

지구가 벌린 푸른 입 사이로
억만년 된 침이 쏟아져 내린다

강물은 씹히지도 않는 채
끝없이 끝없이 흘러내린다

거대한 물의 흐름
우렁찬 자연의 위대함

우렁찬 심장 소리로
젖어가는 지구

파란 심장 소리여
파란 심장 박동 소리여

황혼의 길목에서

네 인생이 벌써 황혼길로 가다니…
산 넘고 물 건너서
서쪽 하늘 끝자락 이글거리는 불덩어리
서산을 넘어가는 내 인생

세월아, 네가 이렇게 빨리 갈 줄은
옛날엔 미처 몰랐구나
세월아 가지 말아라
가지를 말아라
난 아직 할 일이 많이 남았구나
이렇게 쉽게 넘어갈 줄 알았다면
좀 더 열심히 살아볼 걸 그랬다
좀 더 주변사람들 챙겨주며 살걸 그랬다

한 번 가면 다시 못 오는 인생길
난 가기 싫은데

이승에 있을 때 아낌없이 베풀 걸
모두 모두 끝없이 사랑해 줄 걸

좀 더 있다가 가면 안 되나요
내 형제들이 모두 모두 있을 때
모두모두 한 자리에 모여 있을 때
작별인사를 하게 해주소서

구순을 바라보면서

세월이 흘러흘러 어느덧 구순이다
그동안 무엇을 어떻게 하면서 살아왔는지
머릿속 서랍에서 기억을 꺼내 보네

부모님 열심히 부양하고
아들딸 곱게 길러 가정을 이루고 나니
나 자신은 어느새 팔다리 불편한
말이 어눌한 구순이 되었네

이젠 남은 세월 아프지 말고
홀가분하게 물 흐르듯
유순하게 세월에 순응하며 살고 싶다

인생의 강

내 인생은 일 년 열두 달 삼백육십오 일
한강 물처럼 하루도 쉬지 않고 흘러가는 생이다

세월 따라 바람 따라 구름 따라
잘도 가네요
어디쯤 가면 쉬어갈까
내 인생도 흐르는 강물 따라 쉬지 않고
잘도 흘러가네요
세월아 내 인생의 한강 물아
잠시나마 쉬어가세나

나 지금 지쳐 쓰러지기 전
아주 조금만이라도 쉬어갈 수 해주게
쉬었다가 꼭 다시 걸을 수 있게 해주게나

나룻배와 님

동쪽 하늘엔 햇살이 부채처럼 활짝 펼쳐져 있다
한 치 앞이 안 보이던 짙은 물안개는
감쪽같이 사라진 개인 날이다

물안개 속에 갇혀 있던 강물이
긴긴 한숨을 쉰다
넓고 넓은 강물 따라
물안개 떠난 자리

님 오시길 기다리는 나룻배 한 척
해는 중천에 떠 정오로 가는데
먼 길 떠난 내 님은 언제나 오실까

부러진 가지를 아물리는 옹이의 문장

- 김 순 진 (문학평론가 · 고려대 미래교육원 교수)

〈작품해설〉
부러진 가지를 아물리는 옹이의 문장

김 순 진 (문학평론가 · 고려대 미래교육원 교수)

1. 들어가며

바야흐로 여름이다. 여름이 젊은이들만의 소유물이 아니듯, 희망 역시 젊은이들만의 소유물이 아니다. 어느 누구에게나 꽃이 아름답듯 어느 누구나 꽃을 소유할 수 있다. 무슨 나무고 저마다 특색있는 과일을 매달 권리가 있듯 어떤 사람이고 자신이 좋아하는 목표를 이룰 권리가 있다. 누구든 여름을 누릴 권리가 있듯이, 누구나 희망을 노래할 권리가 있다. 다만 스스로의 겨울에 갇힌 사람은 여름을 만끽

할 권리를 누리지 못한다. 이 시집에는 한 사람의 인생에 관한 숭고한 사랑 노래가 들어있고, 부러진 가지에 송진을 발하며 치유해 나가는 과정이 들어 있다. 몇 년 전에 먼저 가신 남편에 대한 감사와 그리움이 그것이다. 그러나 김정숙 시인의 앞에는 새소리 들리고, 사람들이 살아가는 목소리가 들려오기 시작한다. 이제 두꺼운 마음의 옷을 벗고 경쾌한 마음의 발걸음으로 희망의 노래를 부르고 있다.

  나는 지난 3년 동안 김정숙 시인의 시를 통하여 그의 삶을 눈여겨 보아왔다. 그는 사범대학을 나와 교사로 근무하였으며 다양한 사업을 전개하면서, 자녀들을 훌륭히 키워내면서 살아왔다. 그는 포기하지 않았으며, 곳곳에 선한 영향력을 퍼뜨려왔다. 그는 '어떻게 하면 나를 더 나은 환경에 밀어 넣을 수 있을까?' '나에게 꽃을 보여줄까?' '바다를 보여줄까?' 이리저리 궁리하며 최선을 다해 스스로를 케어하며 살아왔다. 그럼 이쯤에서 김정숙 시인의 문학세계를 들여다보자.

2. 마침내 인간의 완성을 목도하다

올해도 스승의날이면
20년 전 하늘나라에 가신 스승님 생각이 밀물처럼 밀려온다
1955년 초등학교 6학년 때 나는 안승하 스승님을 만났다
나는 중고등학교와 안동사범대를 수석으로 졸업한 후
첫 부임지로 은사님이 계시는 영주 서부초등학교로 발령받았다
스승님은 교무실에서는 김 선생님이라고 불러주시고
아무도 없을 때는 '숙아, 정숙아'하고 다정하게 불러 주셨다
피곤하지만 스승님이 하실 업무를 자주 도와드렸다
스승님은 나의 재능을 인정하시고 공부 더 해서

중고등학교 교사로 가라고 몇 번씩 권했다
스승의 날이 되니 안승하 선생님이 더욱 생각이 난다
젊었던 숙이는 구십을 바라보지만 마음만은 청춘

스승님, 요즈음은 젊은 친구들과 시공부에 빠져서
뒤늦은 행복감에 잘살고 있어요

이 모두가 스승님 은혜라
오늘도 감사드립니다

- 「스승의 날 단상 - 안승하 선생님께」 전문

인생의 완성은 무엇일까? 유명해지는 것일까? 이름을 남기는 것일까? 열반하여 사리를 남기고 떠나는 유명 스님들처럼 철저한 수행을 통한 자아실현이 인생의 완성일까? 모두 맞는 말이지만, 결국 인생의 완성이란 자아실현이라 할 수 있을 것 같다. 김정숙 시인이 인생의 최종 목표는 결국 자아실현이다. 어떻게 사느냐는 그 사람을 인생을 평가하는 가늠자란 생각이 든다. 가장 행복한 인생의 목표는 자신에게 떳떳한 사람이며 김정숙 시인은 지금 그 목표를 향해 마지막 불꽃을 태우고 있는 것이다. 이 시집은 김정숙 시인 스스로를 위한 사랑 노래다. 그가 대학을 나와 초등학교에 부임하였을 때 그곳에는 안승하 선생님이라는 자신을 가르쳤던 스승이 계셨다. 그리고 그 스승은 또다시 김정숙 시인의 인생을 캐어해주게 되는데, 김정숙 시인의 머릿속에는 지금까지 그때 그 순간을 잊을 수 없는 것이다. 고마운 마음, 감사한 마음을 일평생 지니고 산다는 것은 그 사람의 됨됨이가 얼마나 숭고한가, 그 사람이 일생동안 어떤 마음으로 견지하고 살아왔는가에 대한 중요한 단서가 된다. 김정숙 시인은 시의 스승인 나에게 매우 감사한 마음을 지니고 있다. 그렇게도 배우고 싶었던 시를 배울 수 있게 해준 늘 나에게 "교수님의 은혜는 안 잊을게요."라고 말씀하신다. "땅속에 들어가서라도 그 고마움을 잊지 않겠다."는 말씀은 진심에서 우러나는 말이란 것을 나는 잘 안다. 따라서 89세의 연세에 소녀시절에 만난 안승하 선생님에게 감사하는 마음을 피력하는 김정숙 시인을 보면서 나는 완숙미가 넘치는 인생이라는 것을 느낀다. 성공한 인생이란 돈을 많이 벌고, 명예가 드높게 되는 것이 아니라, "그래, 이만하면 잘 살아온 인생이라 할 수 있어."라고 스스로 평가하는 인생이라 말할 수 있다. 그런 점에서 늘그막에 시를 붙들어 당당히 문단에 등단하고 시집을 내시는 김정숙 시인께 우레와 같은 박수를 보내드린다.

젊을 적 서울극장 옆에 드시매란 레스토랑을 열었다
아래층 가게에서 군밤 땅콩 먹을 것을 사려고
긴긴 줄로 장사진이다
좋은 영화 프로만 들어오면 그 긴긴 줄이
골목을 돌고돌아 장사진이었다

손님들이 땅콩 군밤 봉투를 들고 우리 레스토랑 드시매로 들어온다
극장문 열 때까지 우리 드시매에서 점심을 먹으며 기다린다
그때 난 엄청난 권리금을 주겠다는데도 정리하지 않았다

그때 그 시절이 내 인생의 절정이었나 보다
나는 지금 그 많던 손님을 떠나보내고
혼자 밥을 먹고 있다

드시고 가시게
맛있게 드시고 쉬다가 가시게
사람들이 무슨 간판이 이리 재미있느냐며

낄낄꺼리고 지나간다

오고 또 오고 모였다 쉬었다 가는
서울극장 바로 옆 건물의 내 레스토랑 드시매
극장에 가지고 갈 봉투 하나씩 들고 와서 자리를 잡는다
손님들 기다리는 우리 식당 자리도 매진이다

나의 젊음은 그때 매진되었고
내 바쁨도 그때 매진되었다

- 「드시매 레스토랑, 매진되다」 전문

이 작품은 김정숙 시인이 ≪스토리문학≫에 등단하게 된 당선작이다. 필자를 비롯한 심사위원들은 심사평에서 "젊음의 기준은 나이가 아니라 작품의 참신성"이란 제목아래 다음과 같이 그의 작품을 평가했다. 대부분의 사람들은 젊고 늙음의 기준을 생리적 나이에 둔다. 그래서 만 65세가 넘으면 노인, 그 아래는 장년, 40세 이하는 청년, 20세 이하는 소년 등으로 분류한다. 예술은 그런 생리적 나이에 반

기를 든다. 아무리 나이가 많이 들었어도 예술의 참신함, 즉 낯설지 않으면, 이를 예술에서는 구태라 하고, 마치 처음 본 듯 낯설면 이를 신선함으로 말한다. 김정숙 작가는 연세가 많은 분이다. "나는 나이가 많은 데 신인상에 응모해도 될까요", "젊은 사람들에게 누가 되지 않을까요?"라는 말을 여러 번 조심스럽게 물어오던 김정숙 작가의 말에 나는 "시인이 되는 길은 나이의 많고 적음이 아니라 작품의 신선함입니다."라는 대답을 드렸고, 그가 노트에 쓴 10여 편의 작품을 보내왔을 때, 나는 그녀의 작품을 보고 깜짝 놀랐다. 그녀의 작품은 대부분 경험을 기술하긴 하였지만, 그 속에는 모두 무릎을 치는 한 방의 아우라가 포함되어 있었다. 당선작 「드시매 레스토랑, 매진되다」를 읽으며 나는 그녀가 이미 시인이 될 수 있었음을, 시인으로 향한 꿈을 놓지 않고 있음을 깨달았다. 그리하여 그녀는 "나의 젊음은 그때 매진되었고 / 내 바쁨도 그때 매진되었다"고 말하지만, 그때 그녀가 레스토랑을 '드시매'라 시적인 이름으로 정할 때, 그녀는 이미 시인의 티켓을

작품해설 159

끊어 놓았던 것이다. 평생 되고 싶었던 시인의 칭호를 드리니 부단히 노력하셔서 시집도 여러 권 내시고 노래도 만드시고 하고 싶은 것 다 이루시면서 사시기를 바란다고 평가했었다.

3. 행복을 개척해 온 프런티어 정신

경기도 포천군 영중면 거사리
육안으론 도저히 바라볼 수 없는 넓고 넓은 그곳
전기도 식수도 없는 황무지
그곳에도 사람들이 살고 있었다

50년 전 우린 그곳 그 마을을 개간했다
아래는 영평천이 유유히 흘러가고
개간하다가 청춘이 둘이나 가사를 탕진하고
목숨을 버린 그곳

우린 절벽 밑 강물을 산 위로 끌어올려
정부의 도움 없이 물과 전기를 가설하여
그 넓은 10만 평을 기름진 옥토로 만들었다

가을에 추수하면 서로 자기네 방앗간으로 오라고
했다
준공식 날 군수님 군직원 면직원 마을 사람들 다모여
큰 소 한 마리 잡아서 온 동네 잔치했다

군에선 우리에게 표창장까지 주었다
난 그때 그 산으로 다니면서 한없이 행복했다
그 가을 가난한 집엔 쌀 한 가마니씩 나누어주었다
난 그때 베푼다는 것이 끝없는 행복이란 걸 알았다

—「행복을 개간하다」 전문

나는 경기도 포천 출신의 시인이다. 특히 김정숙 시인께서 말씀하신 경기도 포천군 영중면 거사리(居士里) 조선 선조 때에 활약한 '지천거사(芝川居士) 황정욱(黃廷彧)'이 살았다고 하여 거사리(居士里)가 되었다고 한다. 황정욱의 본관은 장수(長水)로 자는 경문(景文), 호는 지천(芝川), 시호는 문정(文貞)이다. 영의정 황희(黃喜)의 후손이다. 1592년 임진왜란이 일어나자 당시 일본군의 침략을 막아내기 위한 호소사(號召使)가 되어 관동에서 의병을 모집하는 격

문을 돌렸다가 포로가 되어 안변의 토굴에 감금되었다. 이듬해 왜군이 부산으로 철수할 때 석방되었으나 항복 권유문을 기초한 문제가 당파싸움에 휩싸여 동인의 집요한 공격을 받아 길주에 유배되었다. 1597년 왕의 특명으로 석방되었으나, 복관되지 못한 채 죽었다. 그는 문장과 시, 서예에 능하였는데 저서로는 『지천집』이 있다. 그래서 그런지 정말 거사리는 큰 일이 많이 일어나는 동네인 것 같다. 거사리는 내 친구가 두 사람이나 살았던 동네다. 내가 고등학교 학생회장 시절 거사리에 살던 한 친구는 유행성출혈열이라는 병에 걸려 서울대병원에 입원했고, 죽음을 넘나들며 촌음을 다투는 상황이었다. 그때 나는 처음으로 전교생들에게 모금 운동을 펼쳐 그를 구한 적 있다. 그리고 한 친구의 아버지는 그 당시 참외 농사를 하고 있었는데, 부도가 난 친구를 위해 "우리는 네 가족만 먹고 살면 되지만, 자네에게 딸린 1,000명의 직원은 4,000명의 가족이 직장을 잃고 굶게 되는 경우니, 내가 이 땅을 자네에게 기부하겠네."라면서 노랗게 익어가는 참외밭을

팔아주었다고 한다. 그리고 지금 이 시에 나타난 김정숙 시인 부부의 거룩한 뜻이 얽혀 있는 곳이 거사리다. 김정숙 시인 부부는 "50년 전 우린 그곳 그 마을을 개간했다 / (중략) // 우린 절벽 밑 강물을 산 위로 끌어올려 / 정부의 도움 없이 물과 전기를 가설하여 / 그 넓은 10만 평을 기름진 옥토로 만들었다"고 햇다. 그리고 "준공식 날 군수님 군직원 면직원 마을 사람들 다모여 / 큰 소 한 마리 잡아서 온 동네 잔치했다"고 하니 그 마을 사람들의 기쁨은 말로 형언하기 어려웠을 것 같다. 그 당시의 보통 잔칫날이면 돼지를 잡아 잔치했는데, 큰 소를 잡아 잔치를 벌였다니 그 가슴 벅찼던 기쁨의 순간이 지금도 느껴진다. 아무튼 한 마을의 미래를 걱정하시고 한탄강의 지류인 영평천의 물을 끌어 올려 10만 평이나 되는 불모지를 옥토로 만든 김정숙 시인의 수고와 아이디어는 지금도 잊지 못할 것 같다. 마음 같아서는 그곳에 김정숙 시인의 이 시를 시비로 세워주고 싶다.

40년 전 경기도 중동 신도시가 들어설 때
난 크나큰 건물 하나를 임대해
15년 동안 종합학원을 운영했다
1층은 유치부와 초등부
2층은 사무실
3층 4층은 중등부 고등부

학원의 문을 열기도 전에
등록하려고 길게 줄지어 설 때 난 황홀했다
내가 학원을 차릴 수 있었던 것은
교사자격증이 있었기 때문이다

(중략)

수업이 끝나면 밤 12시 30분에서 1시가 된다
교사들은 나를 보고 피곤해 보인다며
퇴근하라고 했지만 나는 수없이 거절했다
밤 2시가 되어 다들 퇴근시키고 가야만 마음이 편했다
이렇게 시간이 흘렀다
그때 일 년에 아파트 한 채 살 돈이 들어왔다

아이들이 학원을 시작하고 IMF가 왔다

2억 5천이란 권리금도 하나도 못 받고 나왔다
　　할 수 없이 아이들은 미국 뉴저지로 이민을 갔다
　　건물청소, 노점에서 완구장사까지 고생고생하며
　　수석으로 졸업해 지금은 변호사로 활동하고 있다

　　　　　　　　　　－「학원을 운영하다」 부분

　이 시에서 나타난 것처럼 김정숙 시인은 한때 초등학교 교사였고, 교사자격증이 있어 굴지의 학원을 운영했던 사람이었다. 우리는 사람의 인생을 비유할 때 파란만장이란 말로 비유하곤 한다. 파란만장이란 삶이란 어떤 삶일까? 사전적인 의미는 "물결이 만 길 높이로 인다."는 뜻으로, 일이 진행되거나 인생을 살아가는 데 기복과 변화가 몹시 심함을 이르는 말이다. 초등학교 교사로 시작해서 10만 평 개척자, 학원, 레스토랑, 펜션 등 안 해 본 일 없이 산전수전을 겪으며 파란만장한 삶을 살아오시다가 결국 최종적으로 시인이 돼 이렇게 준수한 시집을 출간하시는 김정숙 시인이야말로 "가장 나중에 웃는 자가 진정한 승리자다."라는 말을 실감케 한다. 1년에 아파트 한 채의 값을 벌어주던 학원이 IMF를 만나 부도를 맞게 될 때의 심정은 어떠했을까? 그리고 그 잘나가던 학원을 정리할 때의 그 심적 고생은 어떠했을까? 나 역시 되돌아보면 파란 많은 삶을 살아온 것 같다. 공무원으로 인생을 시작해 공장 사장, 슈퍼 사장, 보험 세일즈맨, 책세일즈맨, 건설노동자, 식당, 그리고 출판사 대표와 교수란 직함을 가지기까지 나는 정말 많은 일을 해왔던 것 같다. 김정숙 시인 역시 그러한 과정 속에서도 이민을 간 자녀가 어머니의 거룩한 뜻에 따라 "건물 청소, 노점에서 완구 장사까지 고생고생하며 / 수석으로 졸업해 지금은 변호사로 활동하고 있다"고 하니 정말로 하늘은 스스로 돕는 자를 돕는다는 말에 공감한다. 그리고 말년의 연세에 친구로부터 고려대 미래교육원 시창작과정을 소개받고 필자와 인연이 되어 지금 이런 멋진 시집을 펴내고 있으니, 잘 살아오신 인생이 맞는 것 같다. 이 시집은 자녀들에게 두고두고 자랑거리가 될 것이다.

4. 범사에 감사함을 노래하다

나는 한때 펜션을 운영했다
이름은 산수애 펜션
산과 물을 사랑한다는 뜻의 펜션
그 이름은 내가 지었다
넓고 넓은 푸른 강물로 둘러싸인
서강 바로 앞이 우리 펜션이다
여기서 30분 더 가면 동강이 있다

동강은 여름이면 전국에서 래프팅하려
수많은 사람들이 모여든다
덕분에 서강인 우리 펜션에도 방을 잡을 수가 없다
서강에는 일급수에만 나오는 물고기는 다 있다
선남선녀 가족들은 여기서 명절을 지내기도 한다

늦은 밤하늘에 무수히 많은 별들
휘영청 밝은 달 아래서 바비큐 파티하면서
오손도손 시간 가는 줄 모르고 노는 사람들
그저 행복하기만 해 보는 사람도 너무 즐겁다

봄이면 산나물 가을이면 토종밤

어디에서 돈 주고도 살 수 없는 것들이 좋아
지인들은 또 오고 지인들을 데려온다
그때 그 시절이 내 생의 절정이었나 보다

아 그리운 그 시절로 돌아갈 수만 있다면
행복이여 다시 한번만 나에게 안겨다오

-「산수애 펜션」 전문

  경북 안동에서 태어나 경기도 포천과 서울 종로구, 그리고 강원도 영월 등 거의 전국 각지를 돌며 살아본 경험이 있는 김정숙 시인에게 과거는 미래를 꿈꾸게 하는 힘이다. 강원도 영월은 나에게도 특별한 곳이다. 20년 전 영월문인협회 사람들과 인연이 되어 지금까지도 김삿갓문화제와 영월문인협회의 『동강에 뜨는 별』, 그리고 영월문화원의 『영월문학』을 만들며 인연을 이어오고 있다. 그래서 김정숙 시인께서 영월의 서강 앞에서 펜션을 하셨다는 말이 더욱 반갑게 느껴진다. 그리고 이 시집에는 그때 인연이 있었던 젊은이에 관한 시도 들어있고, 그

때가 가장 행복했던 때임을 시인 스스로가 말하고 있어서, 가히 짐작이 간다. 굽이쳐 흐르는 맑은 서강을 날마다 바라보고 있자면 늘 마음이 깨끗해지는 것을 느꼈을 것 같다. 밤이면 하늘에서 무수히 쏟아져 내리는 별빛을 바라보고 있던 그때를 생각하면 저절로 행복했던 마음이 되살아날 것 같다. 봄이면 두릅이며 취나물, 곤드레나물, 고비, 고사리가 지천으로 올라오고 여름이면 뻘기와 산딸기를 따 먹을 수 있는 곳, 가을이면 아름이 벌어 툭툭 떨어지는 산밤과 도토리가 지천으로 널린 영월 같은 산간지방에서는 큰돈은 벌기 어려운 환경이었을 것 같지만 마음만은 그 어떤 부자도 부럽지 않았을 것 같다. 그러니 시인은 "아 그리운 그 시절로 돌아갈 수만 있다면"이라고 가정하지만, 인류가 생성된 이래로 아무도 젊어지거나, 그 시절로 되돌아간 사람은 없다. 다만 행복이란 그때그때의 환경과 마음가짐에 따라 다른 것이니 "행복이여 다시 한번만 나에게 안겨다오"라고 말씀하시는 것보다 등단할 수 있어 좋고, 시집을 낼 수 있어 좋으며, 그 시집을 읽

어줄 자녀들과 문운들이 있어 행복함에 대하여 김정숙 시인은 진실로 감사한다.

    내 딸들은 미국에 산다
    그래서 난 미국에 갈 때면 반찬을 만들어 가지고 간다
    딸들은 엄마 반찬이 최고라며 너무나 좋아한다

    남대문 시장에서 밑반찬 거리를 많이 사다가
    집에서 하나하나 정성껏 만든다
    그리고 제일 싼 비행기 티켓을 산다
    그 비행기에는 나도 타고 짐도 탄다

    내가 긴긴 줄을 기다리는데
    공항 직원이 내 반찬을 일일이 뜯어 맛보느라 시간이 촉박하다
    이 봉지도 뜯어 맛보고 저 봉지도 뜯어 맛보고
    다른 봉지도 맛보느라 시간이 많이 걸린다
    나는 그 앞에 가서
    노 타임 노 타임, 하면서 방방 뛰었다

    그렇게 해서 짐을 부치고 나니 시간이 촉박하다

지나가는 사람이 별로 없어 승무원에게 비행기표를 보이니
그 승무원이 내 손을 꼭 잡고 뛰기 시작했다
얼마나 뛰었는지 숨이 턱까지 넘어서는데
겨우 비행기에 탑승할 수 있었다
그리고 막 비행기에 앉자마자
피곤함이 밀려와 난 세상 모르게 잠이 들었다

-「밑반찬과 비행기」 전문

  이 시는 어머니가 미국에 사는 딸들을 위해 어떤 마음을 가지고 사는지에 대한 어머니 마음의 표본 같은 시다. 미국에 사는 딸들을 위하여 남대문 시장에 가서 장을 보고 멸치볶음과 오징어채볶음, 볶음고추장, 파김치 등을 만들 때 엄마는 생각만 해도 행복할 것 같다. 김정숙 시인은 슬하에 4녀 1남을 두었는데 세 딸들이 미국에 살고 있다. 이 시에서처럼 미국에 사는 딸들의 가족들이 어머니가 만든 음식을 맛있게 먹으며 즐거워할 것을 생각하면 음식을 하는 김정숙 시인은 스스로 즐거움에 겨워 콧노

래가 불려졌을 것 같다. 그런 반찬을 공항 검색 직원이 하나하나 열어보라 할 때 속에서 천불이 올라왔을 것이다. 이 나이에 무슨 테러를 할 것이며 무슨 마약을 숨길 것을 의심하느냐며 속으로 혀를 끌끌 찼을 것이다. 검색 직원이 이 봉지 저 봉지를 뜯어 맛을 볼 때, 그는 화가 나서 "노 타임, 노 타임"하면서 발을 동동 굴렀을 것을 생각하니 안 봐도 그 상황이 눈에 선하게 그려진다. 그러다가 겨우겨우 시간에 맞춰 억지로 비행기에 탑승했을 때의 그 희열과 안도감이란 형언하기 어려웠으리라. 김정숙 시인은 슬하에 4녀 1남 다섯 남매를 길렀다. 그들을 가르치고 먹이며, 캐어하며 사는 일이 얼마나 고생스러웠을까? 그래도 그 많은 자녀들을 훌륭히 키워낸 여인 김정숙 시인, 난 이 시집에서 한 여인의 기적을 읽는다.

　김정숙 시인은 ≪스토리문학≫ 2025년 상반기호(통권 114호)의 "아파트 한 동보다 보배로운 이름 시인"이란 당선소감을 통해 "나는 말하기 시작하면서부터 내 주위 있던 모두를 그리워했다. 어머니를 그리워하고 선생님을 그리워하며 산을 그리워하고 강물을 그리워하며 나무를 그리워하고 풀꽃을 그리워하며 구름을 그리워하고 바람을 그리워했다."라고 했다. 아마도 그래서 강원도 영월의 서강이 흐르는 강가에서 펜션을 하며 사셨던 것 같다.

5. 나오며

김정숙 시인은 지금 걷는 것이 부자유스럽다. 걷는 것에 대한 부실은 모든 것을 내려놓게 했고, 삶의 소용돌이가 되었을 것 같다. 그러나 병은 자연스럽게 시간을 김정숙 시인에게 많이 할애해 주었고, 그 대가로 자연의 아름다움을 깨닫게 해주었다. 그는 고통 속에서 시를 만났고 병세가 가중될수록 문학적 깊이가 심화되어 갔던 것도 사실이다.

나는 최근 몇 년 동안 김정숙 시인을 보아왔다. 아프고 늙어가는 현실 앞에서 어깨를 펴지 못하고 웃었던 억지웃음…. 그러나 김정숙 시인의 그 지난했던 삶은 이제 이 시집 한 권으로 완전히 인생 역전을 맞은 셈이다. 이 시집을 받은 친구들은 "우와, 이렇게 훌륭한 시집을 냈어."라며 부러워할 것이고, 이 시집을 받은 젊은 사람들은 "할머니 정말 대단하세요. 감동이에요."라고 할 것이며, 자녀들과 손자손녀들은 그동안 보지 못했던 어머니와 할머니의 아우라에 대하여 자부심을 느끼게 될 것이다.

김정숙 시인은 젊은 시절 초등학교에 교사로 임용돼 교편을 잡으면서 전교생 글짓기대회를 실시해 왔다고 한다. 그러나 그때 그녀는 직접 글쓰기를 하지 못했다. 열심히 사느라 배울 시간도 없었고 시를 접할 기회도 없었다. 그러다가 인생의 말년에 접어들며 고려대 미래교육원 시창작과정을 알게 되었고, 거기서 시를 만나면서부터 그녀는 다시 태어나게 되었다고 말한다. 이제 그녀는 시인이다. 그녀는 시인의 이름을 두고 "아파트 한 동보다도 더 보배롭고 소중한 그 시인, 그 이름은 자자손손 가문의 영광으로 길이길이 빛날 것이다."라고 말한다.

김정숙 시인 시를 세밀히 읽어보니 그의 시에는 인간으로 태어난 이상 인간답게 살아가려는 의지가 있었고, 아무리 삶이 나를 속일지라도 내 인생의 행복은 내가 개척해간다는 프런티어 정신이 들어있었다. 그리고 살아있음에 감사, 읽을 수 있음에 감사, 세상을 바라볼 수 있음에 감사, 자식들이 있음에 감사 등 범사에 감사하며 사는 정신이 깃들어있음을 알 수 있었다. 그래서 나는 김정숙 시인의 이 시집을 한마디로 "부러진 가지를 아물리는 옹이의 문장"이라 평가한다.

앞으로도 더욱 시를 열심히 쓰셔서 제2, 제3시집이 나오길 기대하며 축하의 말씀을 올린다.

김정숙 시집

밑반찬과 비행기

초판인쇄일 2025년 6월 20일
초판발행일 2025년 6월 30일

지은이 : 김정숙
발행인 : 김순진
편집장 : 전하라
디자인 : 김초롱
펴낸곳 : 도서출판 문학공원
등 록 : 2004년 3월 9일 제6-706호
주 소 : 우편번호 03382 서울 은평구 통일로 633
     녹번오피스텔 501호 스토리문학사
전 화 : 02-2234-1666
팩 스 : 02-2236-1666
홈페이지 : https://blog.naver.com/ksj5562
이메일 : 4615562@hanmail.net

※ 책값은 뒤표지에 있습니다.
※ 저자와의 협의에 의해, 인지는 생략합니다.